# FACULTÉ DE DROIT DE TOULOUSE.

$\frac{319}{60}$

# THÈSE

POUR

# LA LICENCE

## TOULOUSE

Imprimerie **Bayret, Pradel** et Cᵉ, place de la Trinité, 12.

FACULTÉ DE DROIT DE TOULOUSE.

# THÈSE

POUR

# LA LICENCE

SOUTENUE

EN EXÉCUTION DE L'ARTICLE 4, TITRE 2, DE LA LOI DU 22 VENTÔSE AN XII,

## Par M. BAYSSADE-ANDRAUD (Alfred),

Né à VERDUN (Tarn-et-Garonne).

TOULOUSE

IMPRIMERIE BAYRET, PRADEL ET C°,

PLACE DE LA TRINITÉ, 12.

1860

A MON PÈRE, A MA MÈRE

—

A MA SŒUR

—

A MA GRAND'MÈRE

# JUS ROMANUM.

## De Exceptionibus et præscriptionibus.

(DIG., Lib, XLIV, Tit. I. — INST. JUST., Lib. IV, Tit. XIII.)

### SECTIO PRIMA.

#### § 1. — Definitio exceptionis et ejus origo.

« *Comparatæ sunt exceptiones defendendorum eorum gratiâ cum quibus*
» *agitur : sæpe enim accidit, ut licet ipsa persecutio quæ actor experitur justa*
» *sit, tamen iniqua sit adversus eum cum quo agitur.* » Ut ait Gaïus, lib. iv,
115 et 116.

« Verbi gratiâ, si metu coactus, aut dolo inductus, aut errore lapsus,
stipulanti Titio promisisti quod non debueras, palam est jure civili te obli-
gatum esse, et actio quæ intenditur dare te opportere, efficax est, sed ini-

quum est te condemnari. Ideo datur tibi exceptio metus causa, aut doli mali, aut in factum composita ad impugnandam actionem. » Ut dicit Ulpianus.

A defensione longe distat exceptio, quia cum se defendit reus, jus negat actoris aut ejus extinctionem probare vult, dum, cum se exceptione tueri vult, non delegatur jus actoris, sed novum jus quoddam et novam litem proponit.

Tamen non semper dicendum est, invitâ plurimum sententiâ, in exceptione propositâ confessionem esse à parte rei juris actoris. (L. 9, Dig., lib. xliv, t. 1, *de Exceptionibus*.) Sic enim dicitur hoc loco : non utique existimatur confiteri de intentione adversarius, quocumque agitur, quia exceptione utitur.

Nos docet Gaïus non inesse exceptiones cum vigebant legis actiones, ita ut, si tale auxilium res competeret, illi non delegabatur, sed prætor solus illud perpendebat et non judici remittebat.

Sane, sicut dicitur lege 2, § 5, Dig., xliv, tit. 4, generaliter ex omnibus in factum exceptionibus oritur doli exceptio, quia dolo facit cuicumque petit id quod aliquâ exceptione elidi potest; sed aliquando evenire posset exceptionem malæ fidei esset consortem. Hujus casus nobis ostendit exemplum Justinianus, lib. iv, *Institutionum*, tit. 24, cum dicit, ne creditores diutius possent suis pecuniis forsitan defraudari, per constitutionem tempus coactum fuisse, ut ultra biennii metas hujus modi exceptio minimè extendatur.

Sane originem ceperunt multæ exceptiones a jure prætoris, sed plures quoque substantiam capiunt vel ex legibus, vel ex his quæ legis vim obtinent. (Gaii, lib. iv, § 118.)

Ostenduntur varia exempla exceptionum a legibus propositarum : Exceptio dominii actioni Publicianæ opposita ; exceptio senatus-consulti Velleiani hypothecariæ. (L. 29 pr., Dig., lib. xvi, tit. 1.)

Dicendum est nunc cur sic vocatur exceptio :

Trahit suam originem hæc designatio a formulis, in quibus jus condemnationis tribuebat prætor judici generali modo, nisi probatus fuisset ille casus qui exceptionem præbebat reo; ita, ut *in exceptis*, condemnatio non esse debebat.

Nobis præbet exempla Gaïus illarum exceptionum : si in eâ re nihil dolo malo Auli Agerii factum sit neque fiat; si inter Aulum Agerium et Numidium Egidium non convenit ne eâ pecuniâ peteretur. (Com. 4, § 119.)

## § 2. — **Divisio exceptionum.**

Discernere est primùm exceptiones perpetuas aut peremptorias et dilatorias aut temporales.

Primæ sunt, quæ semper agentibus obstant et semper rem de quâ agitur perimunt. (L. 3, Dig., hoc tit.) Ita ut actor suam actionem in judicio deducere non jam poterit. Dilatoriæ sunt contra, quæ actorem sinunt in eâdem re litem formare, exempli gratiâ exceptio fori, aut exceptio de tempore non prætermisso debiti, aut exceptiones litis dividuæ et residuæ, aut præjudiciæ. Notandum est tamen, olim, eosdem effectus creare illas duas exceptiones, ita ut actor cui opposita fuerat de die non jam eventâ et cui invitâ illa exceptione litis contestationem acceperat, suum jus totum perdebat illâ novatione a litis contestatione ortâ. Sed illud strictum jus quod nos docet Gaïus a Zenonianâ constitutione prohibitum fuit, quam approbavit Justinianus.(L. 1, Cod., *de plus petitione.* — L. 3, tit. 10. Inst. Just., lib. iv, tit. 13, § 10.)

Notantur quoque exceptiones personæ cohærentes aut rei cohærentes, id est, quæ a quocumque aut cuicumque opponi possunt, saltem dum illis commodum inest, aliæ contra quæ personæ designatæ adsignantur.

Metùs causâ exceptio in rem scripta est et rei cohæret, ita ut omnes successores illius, qui vim intulit aut hujus qui vim passus fuit, illam subire et opponere possunt hanc exceptionem. Ostenditur quoque exceptio quasi popularis legis Cintiæ. (§ 266, *Frag. Vatic.*)

Personæ cohæret exceptio doli mali, quæ opponenda est solum illi qui dolum intulit, sed mixta est et causæ inhæret, ita ut opponenda est a quocumque dolum et damnum subit.

Tandem purè personalis esse potest exceptio, exempli gratiâ, si cum reo pactum fuit ne petatur, ita ut fidejussor frui non possit illâ exceptione si forte donandi animo intervenerit. (L. 32, Dig., l. 2, tit. 14, *de Pactis.*) Item si de exceptione utatur, quæ condemnationem minuit in quantum facere potest debitor, ita ut hæredes non illam adhibere possunt. (L. 24 et 25, Dig., *de re judicata;* l. 42, tit. 1.)

### § 3. — **Quo tempore opponendæ sunt exceptiones.**

Sicut dicit Gaïus apud prætorem, saltem cum formulis utebatur, opponenda erat exceptio ante conceptionem formulæ, et nisi in bonæ fidei judicio nunquam judex admittere poterat exceptionem, quæ apud prætorem non ostendebatur. Et hæc regula generalis erat sive de exceptionibus peremptoriis, sive de dilatoriis.

Sed quum non jam fuit in usu separatio *juris* et *judicii*, dilatoriæ exceptiones exercendæ erant inter exordia litis et probandæ ante litis contestationem; sed contra, præscriptiones peremptorias objici sufficit priusquam sententia feratur; nam de illis dicitur non dubium esse omnes integras defensiones manere, quum non finita est sententiâ causa. (L. 4, 8, 12, Cod., hoc tit.)

Tandem quædam exceptiones, vel post sententiam objiciuntur, veluti exceptiones senatus-consultorum Macedoniani et Velleiani.

Animadvertendum est omnes exceptiones exclusorias esse; ita ut tamen variis modis actorum excludunt sive in solidum, sive pro parte, sive in perpetuum, sive ad tempus. (L. 2, § 2, Dig., hoc tit.)

### SECTIO SECUNDA.

Appellantur præscriptiones quædam restrictiones actionis in jure deductæ, et, ut dicit Gaïus, plusquam manifestum est sic appellari, quia ante formulas præscribuntur, id est, ante intentionem sæpissime. (Gaïus, Com. 4, § 132.)

Erant saltem ante Gaïum præscriptiones, sive a parte actoris, sive a parte rei.

A parte actoris fingebatur cum actor novationem timens, quæ a litis contestatione orta fuisset, et nolens deducere in judicio præstationes futuras, suæ obligationis finem imponit quamdam suæ petitioni his verbis : « Ea res agatur cujus rei dies fuit. » (Gaïus, Com. 4, § 131.) Item si, verbi gratiâ, ex empto agamus, ut nobis fundus mancipio detur, debemus ita præscribere : ea res agatur de fundo mancipando, ut postea si velimus vacuam possessionem nobis tradi, de tradendâ eâ vel stipulatu, vel ex empto agere possimus.

A parte rei erant quoque præscriptiones, inter quas, primo ordine, elucent *præjudicia,* quibus reus tentat per minorem causam præsenti die contestatam non ferri præjudicium majori cognitioni. Sic si petatur res singula hæreditatis reus præjudicium opponit de omni hæreditate, iniquum enim esset per unius rei petitionem majori quæstioni de ipsâ hæreditate præjudicari. (Gaïus, Com. 4, § 133.)

Tandem nos docet Gaïus, suo tempore, non jam esse præscriptiones, nisi ab actore, et non discrimen esse exceptionum a præscriptionibus a parte rei.

## POSITIONES.

I. Perpetua-ne est exceptio, quum temporalis est actio? — Generaliter. (L. 5, § 6, Dig., lib. xliv, tit. 2, *de Doli mali exceptione.*)

II. Si filius exhæredatus fuit testamento patris et hæreditatem possiderit invitâ illâ exhæredatione injustâ, quia institutus hæres omiserit hæreditatem, potest-ne quum post quinquinnium subit petitionem hæreditatis, exceptionem opponere inofficiosi testamenti? — Poterit. (L. 8, § 13, Dig., lib. v, tit. 2, *de Inofficioso testamento.*)

III. Num in intentione, aut in condemnatione ponebatur exceptio? — Generaliter in intentione. (L. 22. proemium, Dig., *de Exceptionibus;* l. 17, Dig., *de Evictionibus,* lib. xxi, tit. 2).

# CODE NAPOLÉON.

## Des demandes en nullité de mariage et de la preuve de son existence.

### (Art. 180 à 202.)

Le mariage est l'union légale de deux personnes de sexe différent, se promettant fidélité et assistance. Portalis le définit : « *La société de l'homme et de la femme qui s'unissent pour perpétuer leur espèce, pour s'aider par des secours mutuels, à porter le poids de la vie et pour partager leur commune destinée.* »

Il résulte de cette définition, que le mariage n'a pas seulement pour but la procréation des enfants, mais qu'il a aussi pour but l'association de deux existences. La loi a considéré le premier de ces résultats comme le principal et l'essentiel. Aussi a-t-elle voulu que tout fût sincère et loyal dans cette union ; que le consentement ne fût donné qu'avec une liberté entière, et que, dans le cas où cette liberté aurait subi quelque atteinte, il fût possible de briser un lien dont la morale aurait à redouter les conséquences.

Il se peut que le mariage ait été célébré dans des conditions telles que, d'après la notion de cet acte lui-même, il ait été impossible qu'il y ait eu mariage : ainsi, par exemple, lorsque deux personnes de même sexe ont prétendu s'unir, ou bien lorsqu'il y a eu absence complète de consentement ou de célébration devant l'officier de l'état civil (146). D'un autre côté, il se peut que l'obstacle devant lequel les parties ne se sont pas arrêtées, sans tenir à l'essence du mariage, se rapporte à sa perfection sociale ou contractuelle. Dans ce cas, on conçoit que le mariage ait existé ; car il renfermait les éléments *essentiels* à son existence. Mais il est infecté d'un vice qui, selon sa gravité, pourra donner lieu à des conséquences plus ou moins rigoureuses.

C'est pour cela qu'on reconnaît deux sortes de nullités de mariage : les nullités de *non esse* et les nullités proprement dites.

Lorsqu'un mariage renferme une nullité de *non esse,* il est *inexistant,* il n'a jamais eu d'existence légale, il est infecté d'une nullité absolue et perpétuelle ; il ne peut pas être ratifié, et sa nullité n'a pas besoin d'être prononcée pour exister.

Dans le cas de la *simple nullité,* le mariage a une existence légale ; mais il renferme un vice qui le rend annulable.

Parmi les causes d'annulabilité, ou pour dire comme le Code Napoléon, de nullité de mariage, il en est qui ont été introduites dans l'intérêt particulier de certaines personnes, d'autres dans l'intérêt général de la société et de l'ordre public.

Nous appellerons les premières nullités *relatives,* et les secondes nullités *absolues.*

Les nullités *absolues* sont perpétuelles, c'est-à-dire qu'elles peuvent être invoquées dans tous les temps et par toute personne ayant intérêt, même par le ministère public.

Les nullités *relatives* sont temporaires, c'est-à-dire qu'elles ne pourront être formées que par des personnes déterminées et dans un laps de temps

2

déterminé. Elles peuvent donc se couvrir par la renonciation, soit expresse, soit tacite, des parties ayant droit à s'en prévaloir.

## SECTION PREMIÈRE.

### Nullités relatives.

L'art. 180 porte : « *Le mariage qui a été contracté sans le consentement des*
» *deux époux, ou de l'un d'eux, ne peut être attaqué que par les époux ou par*
» *celui des deux dont le consentement n'a pas été libre. — Lorsqu'il y a eu er-*
*reur dans la personne, le mariage ne peut être attaqué que par celui des deux*
» *époux qui a été induit en erreur.* »
Il résulte des termes de cet article, que deux causes peuvent rendre le mariage annulable, ce sont : le défaut de liberté ou la violence dans le consentement, et l'erreur. Ces deux causes rentrent dans la catégorie que nous avons appelée des nullités relatives.

### § 1er. — De la violence.

Pour qu'un mariage soit valable, il faut que le consentement des époux soit *librement donné;* la violence n'exclut point, à proprement parler, le consentement; elle en altère seulement l'essence. Les parties violentées, entre deux maux, ont choisi le moindre : « *Coacta voluntas, sed voluntas.* » Par suite, le mariage existe jusqu'à réclamation.

*Quels sont les caractères de la violence?* Pour répondre à cette question, on pourrait dire qu'en droit ce sont les art. 1111 et 1114 qui doivent être pris pour point de départ, car ils forment le droit commun sur cette matière, et il n'y a rien, dans leurs dispositions, qui paraisse inapplicable au mariage. Mais en fait, cette question doit être laissée à la libre appréciation de la justice. C'est une pure question de fait; les caractères de la violence varient à l'infini, et sa gravité est plus ou moins grande suivant les circonstances.

*De la séduction.* La séduction est-elle une cause de nullité de mariage? Certains auteurs (Marcadé, par exemple), prétendent que la séduction peut servir de base à une demande en nullité; car, disent-ils, elle altère le consentement, et l'art. 180 infirme tout consentement qui n'est pas libre. Du reste, ajoute-t-on, la séduction était considérée dans l'ancien Droit comme équivalent à la violence (Pothier, nᵒˢ 315, 320). Donc tout porte à admettre que la séduction est comprise dans les termes de l'art. 180. Cette interprétation nous paraît inadmissible; sans doute elle peut, dans certains cas, porter atteinte à la liberté du consentement; nous savons bien qu'en principe toute cause qui altère la liberté rend le mariage annulable; mais il faut remarquer que le Code, tout en posant ce principe, n'admet pas le dol comme vice suffisant. Et qu'est-ce que le dol? C'est la séduction au moyen d'artifices mauvais. Or, de deux choses l'une, ou la séduction est coupable, alors elle se confond avec le dol, ou elle est honnête et légale, et, dans ce dernier cas, comment serait-elle une cause d'annulabilité du mariage, puisque dans le premier cas la loi ne l'admet pas? Du reste, l'ancien Droit, tout en posant cette règle générale que nous opposent nos contradicteurs, ne l'appliquait qu'aux cas où la séduction avait lieu envers une personne mineure.

### § 2. — De l'erreur.

L'erreur est assurément le vice le plus grave qui puisse infecter le consentement; mais il n'est pas à dire pour cela qu'on puisse le prétexter dans toute circonstance. Nous considérerons l'erreur comme grave et pouvant donner lieu à une action en nullité, toutes les fois qu'elle porte sur l'essence même du contrat. Aussi voyons-nous l'art. 180, § 2, considérer comme telle l'erreur sur la personne.

Mais que signifient ces mots : *erreur sur la personne?* La loi a-t-elle voulu parler de la personne physique, de l'individu, ou bien de la personne considérée au point de vue de ses qualités civiles ou morales? C'est une question qui a été débattue par tous les auteurs et qui est loin d'être résolue.

Les uns prétendent que le mot *personne* s'applique seulement à la personne physique. Ce système est totalement abandonné. D'autres prétendent qu'il comprend la personne physique et les qualités de la personne. Un troisième système soutient que l'erreur dont parle l'art. 180 ne s'applique qu'aux qualités de la personne. L'opinion intermédiaire me paraît la plus rationnelle au point de vue du Droit.

En effet, lorsque voulant épouser une personne déterminée que je connais et que je crois être à mes côtés devant l'officier de l'état civil, j'ai dit : oui, tandis que c'était une autre personne qui, à mon insu, avait pris la place de celle à qui s'adressait mon consentement, il est vrai de dire que le contrat est nul ; il ne peut pas y avoir eu consentement. Donc le mariage n'a pas pu exister par suite des dispositions de l'art. 146.

Pourtant, quoique cette interprétation soit vraie au point de vue juridique, il n'est pas sûr que le législateur ait voulu n'entendre par le mot personne que les qualités. Les rédacteurs du Code se sont peu préoccupés de la pureté scientifique de leur œuvre, il leur eut été impossible d'arriver à un résultat satisfaisant. D'ailleurs il semblerait résulter de la discussion qui eut lieu au Conseil d'Etat, que l'art. 180 embrassait la personne physique et les qualités de la personne. Il n'y a rien d'étonnant à ce que cette interprétation ait pu être dans l'esprit du législateur ; car, en fait et en droit, un contrat, quoique nul, peut recevoir une ratification postérieure ; l'art. 1340 rapproché de l'art. 1339 nous en donne la preuve. Or c'est ici le cas, le contrat est nul. Il est vrai que l'on peut reconnaître l'erreur sur la personne physique dans un terme moins long que celui qui a été fixé par l'art. 181 ; mais il est bien vrai aussi que le mariage peut être ratifié, comme tout contrat nul, par les parties. Or, s'il peut être ratifié, admettrez-vous que la partie trompée puisse, après un temps indéterminé, se prévaloir de la non-existence du mariage ? D'après cela, je crois que l'art. 180 a entendu comprendre dans le mot personne, et l'individu, c'est-à-dire la personne physique, et les qualités essentielles de la personne.

Mais qu'entend-on par les qualités d'une personne ? Quelques auteurs ont voulu donner une réponse précise à cette question ; il nous semble que c'est surtout une question de fait dont l'appréciation doit être laissée aux tribunaux. Ils devront voir, suivant les circonstances, si cette erreur a essentiellement influé sur le consentement de la partie. Dès-lors, les qualités civiles, les qualités morales, la naissance, l'honorabilité, etc., tout cela pourra donner lieu à l'appréciation, parce que cela peut influer *essentiellement* sur le consentement.

Nous avons vu que le dol n'était pas admis par le Code comme cause de nullité, à plus forte raison en est-il de même de la lésion.

*Qui peut proposer les nullités relatives?* Nous avons dit que la nullité résultant du défaut de liberté ou de l'erreur dans la personne, était relative et temporaire. Elle est *relative,* c'est-à-dire qu'elle ne peut être proposée que par certaines personnes. L'art. 180 est formel et énonce dans des termes limitatifs que ce droit n'appartient qu'aux époux, ou à celui des deux dont le consentement a été forcé ou trompé. Ainsi personne autre que l'époux ne pourra former une action en nullité de cette espèce, ni son conjoint, ni ses ascendants.

*Comment peuvent-elles se couvrir?* L'art. 181 est ainsi conçu : « *Dans* » *le cas de l'article précédent, la demande en nullité n'est plus recevable, tou-* » *tes les fois qu'il y a eu cohabitation continuée pendant six mois, depuis que* » *l'époux a acquis sa pleine liberté ou que l'erreur a par lui été reconnue.* » Ainsi une cohabitation continuée pendant six mois, vaut ratification aux yeux de la loi. Et remarquons que ce n'est pas au laps de temps indépendamment de la cohabitation que la loi attache la non recevabilité de l'action. De sorte que l'action serait recevable même après six mois, si les époux n'avaient pas cohabité.

Il ne faut pas admettre d'autre cohabitation tacite que celle indiquée par le Code ; il a eu pour but d'écarter précisément tous les doutes que beaucoup d'autres circonstances plus ou moins équivoques auraient pu soulever : ainsi la grossesse de la femme.

On s'est demandé si une ratification expresse en dehors d'une cohabitation de six mois serait valable. L'affirmative est généralement admise. La loi n'a parlé que de la ratification tacite, que parce que c'était le seul cas qui pût soulever des doutes. Néanmoins faut-il que la ratification expresse soit formelle. Quant à sa forme, il serait bon qu'elle fût faite conformément aux règles de l'art. 1338.

§ 3. — Nullité résultant du défaut de consentement des ascendants, ou conseil de famille et du tuteur *ad hoc.*

Lorsque les personnes qui ont contracté mariage étaient, relativement à cet acte, sous la puissance d'autrui, et qu'elles n'ont pas obtenu le consentement nécessaire, leur mariage peut être attaqué. L'action appartient dans ce cas aux personnes dont le consentement était requis et à celles qui avaient besoin de ce consentement. Les premières peuvent l'intenter tant qu'elles n'ont pas donné au mariage leur approbation expresse ou tacite, ou qu'elles n'ont pas laissé passer une année depuis qu'elles ont eu connaissance de ce mariage; les secondes ne peuvent plus agir après que cette ratification tacite et indirecte est intervenue, et en outre, si elles-mêmes ont laissé passer un an depuis qu'elles ont atteint l'âge fixé par la loi pour pouvoir se marier sans le consentement d'autrui.

Si tous les ascendants sont morts avant que l'action ait été intentée et dans le délai utile pour agir, l'action ne doit pas être donnée à leurs héritiers; cette action est attachée à la personne de ceux qui sont chargés de la protection de l'époux, tant à raison de l'outrage qui leur a été fait, qu'à cause de l'intérêt qu'ils lui portent. Si cependant l'époux était mineur de vingt-et-un ans, d'après le système que nous venons d'exposer, le conseil de famille prendrait la place et les droits des ascendants décédés.

Lorsque celui qui a contracté mariage sans obtenir le consentement qui lui était nécessaire, était un enfant naturel non reconnu, ou même reconnu, mais privé de ses père et mère, le principe posé dans l'art. 182 est-il applicable? Nous pensons que oui. Nous reconnaîtrons à l'enfant le droit de demander la nullité de son mariage, mais nous refuserons ce droit à toute autre personne.

L'action accordée aux ascendants et au conseil de famille s'éteint par leur approbation expresse ou tacite. A cet égard, de quelque acte que résulte l'approbation expresse et en quelque forme qu'elle soit donnée, l'action sera éteinte. Quant à l'approbation tacite, les faits qui la constituent peuvent varier à l'infini. Pareillement, s'il s'est écoulé un an depuis que ceux dont le consentement était nécessaire ont eu connaissance du mariage, ils ne sont plus recevables à l'attaquer. Mais en dehors de ces causes de déchéance et quelle qu'ait été déjà la durée du mariage, les ascendants peuvent toujours l'attaquer.

Quant à l'époux, nous avons indiqué déjà les causes qui lui font perdre le droit de demander la nullité. Parmi elles, nous avons rencontré l'approbation expresse ou tacite de ceux dont le consentement n'avait pas été obtenu. Nous ajouterons que, quand même cette approbation ne serait intervenue qu'après l'action intentée, elle aurait pour effet de faire tomber cette action, car celle-ci n'a plus de cause du moment que le consentement qui manquait a été donné.

Lorsque l'art. 183 dit que l'époux ne peut plus intenter l'action en nullité, s'il s'est écoulé un an sans réclamation de sa part, depuis qu'il a atteint l'âge compétent pour consentir par lui-même au mariage, il semble bien qu'il renvoie aux dispositions de l'art. 148.

Indépendamment des causes mentionnées dans l'art. 148, comme enlevant à l'époux le droit de demander la nullité, nous pensons que la ratification expresse qu'il aurait faite, produirait aussi ce résultat ; mais nous ne regarderions pas comme valable, la ratification qui serait intervenue avant que cet époux eût atteint l'âge compétent pour consentir par lui-même au mariage. Une telle ratification serait entachée du même vice que l'acte qu'elle aurait pour objet de valider.

Quant à une ratification tacite autre que celle résultant de l'expiration du délai d'un an, nous inclinerions beaucoup à n'en pas admettre. Celle que l'on peut invoquer est fondée sur la cohabitation.

La ratification, de quelque personne qu'elle émane (ayant droit de la faire), de quelque acte qu'elle résulte, valide le mariage, et cela, même pour le passé. Notre Droit est, sur ce point, contraire à celui des Romains, qui ne donnait d'effet au mariage que pour l'avenir.

## SECTION II.

### Nullités absolues.

Les nullités absolues ont toutes pour fondement la violation d'un principe d'ordre public. C'est pour cela qu'elles peuvent être provoquées en tout temps et par toute personne intéressée.

*Cause des nullités absolues.* L'art. 184 nous indique comme cause des nullités absolues celles qui sont désignées par les art. 144, 147, 161, 162 et 163. Nous allons dire un mot sur chacune d'elles.

La première cause de nullité absolue est l'*impuberté* (144). L'homme avant dix-huit ans révolus, la femme avant quinze ans révolus, ne peuvent pas contracter mariage.

La deuxième cause est l'*existence d'un premier mariage* (147). La bigamie n'est point permise, elle constitue même un crime punissable par nos lois pénales (art. 340 C. P.). De là la règle qu'on ne peut contracter un second mariage avant la dissolution du premier.

La troisième cause est la *parenté* ou l'*alliance au degré prohibé* (art. 161, 162, 163). — La prohibition est absolue :

1° *En ligne directe.* Ainsi point de mariage possible entre un ascendant et un descendant légitimes ou naturels, à quelque degré que ce soit, et alliés dans la même ligne.

2° *En ligne collatérale.* Prohibition entre le frère et la sœur. « *L'espérance du mariage entre deux êtres qui vivent sous le même toit et qui sont déjà invités par tant de motifs à se rapprocher et à s'unir, aurait pu allumer des désirs criminels et entraîner des désordres qui auraient souillé la maison paternelle.* » (Portalis.) Il y a encore prohibition entre l'oncle et la nièce, la tante et le neveu ; car l'oncle et la tante, dans leurs rapports avec leurs neveux et leurs nièces, leur tiennent souvent lieu de père, *sunt loco parentum.* Il en est de même du grand oncle et de la grand'tante ; il leur faut une dispense pour que le mariage soit valable.

De même que dans la parenté légitime, dans la parenté naturelle il y a prohibition entre ascendant et descendant. Même règle pour les frères et sœurs naturels. Mais le Code ne défend pas d'autre mariage dans la parenté naturelle.

La quatrième cause est le défaut de *publicité de la célébration.* Les éléments qui concourent à la publicité de la célébration se trouvent exposés par les art. 165 et suivants. Ce sont : les publications ; — l'intervalle qui doit les séparer l'une de l'autre ; — le délai avant lequel le mariage ne peut pas être célébré depuis la seconde publication, ou depuis la première publication s'il n'y en a qu'une ; — l'affiche des publications ou de la publication unique ; — la célébration dans la maison commune ; — la présence de quatre témoins mâles et majeurs ; — l'admission du public. Telles sont les conditions requises par la loi.

L'une et l'autre de ces conditions venant à manquer, devrait-il s'en suivre que le mariage sera nul? On peut répondre que la loi ne s'est pas contentée de dire que le mariage serait célébré publiquement, elle a fait plus, elle a déterminé les conditions de cette publicité. Dès-lors, dans l'absence de l'une de ces conditions, il y aura nullité. Cette argumentation est serrée, mais elle nous amène à un résultat inacceptable, par exemple, à la nullité d'un mariage auquel il aurait manqué un seul témoin. Aussi l'art. 193 a-t-il pour but d'accorder à cet égard aux magistrats un pouvoir discrétionnaire d'appréciation.

L'art. 193 dit : *« Les peines prononcées par l'article précédent, seront encourues par les personnes qui y sont désignées, pour toute contravention aux règles prescrites par l'art. 165, lors même que ces contraventions ne seraient pas jugées suffisantes pour faire prononcer la nullité du mariage. »* La publicité, en effet, se compose d'éléments divers dont aucun n'est essentiel. Ainsi les tribunaux apprécieront jusqu'à quel point la publicité a manqué.

L'absence de publicité n'est pas, suivant nous, une cause de nullité. Elle n'est sanctionnée que par une amende que le procureur impérial doit faire prononcer, tant contre l'officier de l'état civil, que contre les parties. L'amende prononcée contre l'officier de l'état civil ne pourra dépasser trois cents francs, tandis que celle des parties doit être proportionnée à leur fortune. (192, *in fine.*)

De même les art. 165, 191 et 193 combinés, ne permettant d'annuler le mariage, pour défaut de publicité, qu'autant qu'il n'aura pas été célébré et contracté publiquement, il en résulte que, dès que la célébration a été publique, le mariage est valable sous ce rapport. C'est qu'il importe de distinguer le mariage clandestin du mariage secret. Ce dernier a été régulier, il ne lui manque que la publicité; tandis que les autres, tenus secrets, manquant des conditions essentielles, semblent cacher la honte d'un concubin ge.

L'incompétence de l'officier de l'état civil est-elle une cause de nullité absolue? Les opinions sont divisées sur ce point. Oui, dit-on, c'est une nullité absolue, non soumise, comme la publicité, à l'appréciation des magistrats. La publicité est un fait complexe, l'absence de l'un de ses éléments peut le rendre imparfait, sans l'empêcher complètement. Mais la compétence est un fait unique, qui existe ou qui n'existe pas; qui, par conséquent, ne souffre pas de degrés. L'opinion contraire est plus généralement admise. L'incompétence de l'officier public se lie évidemment à la publicité du mariage ; car, pourquoi exige-t-on qu'il soit passé devant l'officier de l'état civil du *domicile de l'une des parties* ? C'est afin que les personnes qui ont intérêt à le connaître en soient plus facilement instruites. Si donc la question de compétence se rattache à la question de publicité, que s'ensuit-il ? C'est qu'il appartient aux juges d'apprécier, suivant les circonstances, l'influence que l'incompétence de l'officier public peut avoir eue pour porter atteinte à la publicité du mariage. Du reste, l'art. 193 laisse aux juges la faculté d'apprécier les règles contenues dans l'art. 165. Or, les règles dont parle cet article, se réfèrent précisément à la publicité et à la compétence de l'officier de l'état civil qui doit le célébrer.

Ainsi, le mariage peut être déclaré valable, quoique n'ayant pas été fait par l'officier de l'état civil du *domicile de l'une ou de l'autre des parties*.

Nous venons de donner l'énumération et l'analyse des causes qui peuvent donner lieu à une nullité absolue. Occupons-nous maintenant des personnes qui peuvent proposer ces nullités.

*Qui peut proposer ces nullités ?* Nous avons dit, en commençant, un mot des mariages nuls. Ceux-là sont attaquables par tout le monde, parce que la loi les renie et les dépouille de tout effet. Mais lorsqu'il s'agit de mariages simplement imparfaits, il faut appliquer le principe que l'intérêt doit être la base d'une action en nullité, et que cet intérêt doit être légitime, actuel. Quelles personnes ont donc un intérêt né et actuel à demander la nullité du mariage ? C'est ce que nous apprennent les articles 184, 187, 188, 189, 190 et 191 :

1° D'abord les époux eux-mêmes, dit l'art. 184 ;

2° Les père et mère ou ascendants, ou même la famille ;

3° Toute personne ayant un intérêt (pécuniaire), art. 184 ;

4° L'époux au préjudice duquel a été contracté un second mariage ;

5° Enfin, le ministère public.

*Des époux.* Les époux, disent les art. 184-191, par conséquent les deux époux, aussi bien l'un que l'autre, ont le droit de proposer l'action en nullité. La loi veut, en effet, prévenir des unions contraires à l'ordre public et aux bonnes mœurs, aussi les laisse-t-elles soumises à toutes ces actions.

*Les père et mère ou autres ascendants.* Certains auteurs, M. Duranton, par exemple, soutiennent que la loi n'a pas eu l'intention d'accorder l'action en nullité à la seule qualité d'ascendant. Néanmoins, l'opinion contraire est généralement admise. Il résulte, en effet, des art. 186 et 187, que la loi a voulu les placer dans une catégorie à part, et qu'elle n'a pas exigé d'eux les conditions d'intérêt requises pour d'autres. Du reste, ce pouvoir des ascendants s'explique : ce ne sont pas seulement des considérations d'honneur qui ont inspiré cette disposition, ce sont encore d'autres motifs aussi plausibles. Ainsi, les ascendants doivent fournir des aliments à leurs petits-enfants (art. 203 à 205); ils doivent, en outre, leur transmettre une partie de leur succession (913, 914). Dès-lors, on doit comprendre qu'il leur soit permis de demander la nullité d'un mariage qui produirait pour eux, peut-être, de déplorables relations de parenté.

*Quels ascendants ont l'action en nullité de mariage?* Lorsque la cause de nullité est commune aux deux époux, comme l'inceste, les ascendants de l'un et de l'autre ont ce droit. Mais lorsque la cause de nullité ne provient que de l'un d'eux, qu'arrive-t-il? Ici les opinions sont divisées : si, par exemple, la nullité a pour cause le défaut d'âge, on refuse l'action aux ascendants de l'époux pubère.

Il nous semble que cette distinction ne résulte pas de l'esprit de la loi. En effet, les textes qui confèrent l'action en nullité aux ascendants, sont les mêmes pour toutes les nullités absolues (art. 184, 186, 191). Si dans certains cas les ascendants peuvent exercer l'action concurremment, on ne voit pas pourquoi ils ne le pourraient pas dans d'autres. Il n'est donc pas raisonnable d'accepter telle nullité absolue plutôt que telle autre. La loi les a reconnues assez graves pour prescrire à toutes les mêmes règles. Ainsi, les ascendants peuvent tous exercer l'action en nullité.

On s'est demandé en outre, si ce droit appartient à tous les ascendants concurremment, ou s'il ne peut être exercé que graduellement? Suivant l'opinion commune, ce droit ne leur est conféré que graduellement. On ne comprend pas, en effet, qu'un aïeul ait le droit de demander la nullité d'un mariage, alors que le père et la mère sont en état de la proposer.

*Des collatéraux et des enfants nés d'un autre mariage.* L'art. 187 nous dit que, pour que l'action en nullité appartienne aux collatéraux, *il faut un intérêt né et actuel.* Signalons une différence importante entre les ascendants et les collatéraux. Pour les premiers, l'intérêt étant purement moral, naît à partir du mariage; ils peuvent donc agir dès à présent. Mais pour les collatéraux, ce n'est plus un intérêt moral, c'est un intérêt purement *pécuniaire,* un intérêt de succession; par sa nature même, cet intérêt n'existe qu'au décès: Aussi ne sont-ils recevables à exercer leur action qu'au décès de l'époux, alors qu'ils veulent recueillir la succession au détriment des enfants nés du mariage. Ce n'est que comme héritiers qu'ils ont le droit d'agir; et ce qui est vrai des collatéraux, l'est aussi des *enfants nés d'un autre mariage.*

Cependant il peut se faire que les collatéraux et les enfants nés d'un autre mariage aient un intérêt, même du vivant de l'époux. Ainsi, je suppose que mon frère décédé ait laissé un fils qui a contracté un mariage incestueux duquel il est né deux fils. Le fils de mon frère renonce à la succession de son père; ce sont ses enfants qui succèdent à sa place. J'ai donc un intérêt né et actuel à faire prononcer la nullité du mariage de mon neveu, même de son vivant.

*L'époux au préjudice duquel a été contracté un second mariage* (art. 188). Rien de plus juste que de permettre à cet époux de défendre immédiatement son titre et son état méconnus.

*Les créanciers des époux.* Ils peuvent avoir intérêt à demander la nullité du mariage pour écarter, par exemple, l'hypothèque légale que la femme a sur les biens de son mari, et en vertu de laquelle elle serait payée avant eux si ce de ne était insolvable (art. 2121). Mais cet intérêt seul suffit-il? « *Toute personne actuellement intéressée à la nullité du mariage, peut la demander,* » dit l'art. 184. — L'art 187 ne dit pas le contraire, seulement il ne parle pas d'un intérêt de succession, il parle de « *tout intérêt né et actuel.* » Du reste, si l'intérêt des créanciers est quelquefois minime, il peut être aussi fort grave ; faut-il donc alors le sacrifier pour l'honneur d'un mariage criminel ? — non, sans doute.

Enfin *le ministère public,* c'est-à-dire, la société a aussi le droit de demander la nullité de ces mariages, Les art. 190 et 191 s'énoncent ainsi : « *Le procureur impérial, dans tous les cas auxquels s'applique l'art. 184, et sous les modifications portées en l'art. 185, peut et doit demander la nullité du mariage, du vivant des époux, et les faire condamner à se séparer.* » Et 191 : « *Tout mariage qui n'a pas été contracté publiquement, et qui n'a point été célébré devant l'officier public compétent, peut être attaqué par les époux eux-mêmes, par les père et mère, par les ascendants, et par tous ceux qui y ont un intérêt né et actuel, ainsi que par le ministère public.* »

On voit, d'après ces articles, que le ministère public est recevable à intenter une action en nullité absolue ; dans certains cas même, c'est un devoir, une obligation qui lui est imposé ; l'art. 190 le démontre clairement. On conçoit que la société se trouve blessée par des mariages infectés des vices d'impuberté, de bigamie et d'inceste ; quoi de plus naturel alors qu'elle ait imposé au ministère public l'obligation de former une action en nullité. Il n'en est pas de même pour le cas de l'art. 191. Le vice de clandestinité ne porte pas à l'ordre public une atteinte aussi grave ; la loi a dû laisser, par conséquent, à la prudence du ministère public, le soin d'attaquer ces mariages.

Ce qui est universellement admis, c'est que le ministère public ne peut et ne doit agir que du vivant des époux ; car il est évident que le scandale cesse lorsque les époux cessent d'être unis.

*Les nullités absolues peuvent-elles se couvrir?* Les nullités absolues sont perpétuelles de leur nature et ne peuvent se couvrir, elles sont insanables. — C'est là le principe général que nous avons déjà énoncé. Néanmoins, il existe des modifications que nous allons expliquer.

La nullité résultant de l'inceste ou de la bigamie ne saurait, en aucun temps, se couvrir, ni même être protégée par aucune fin de non-recevoir. Ni la possession d'état, ni la prescription trentenaire, ne pourraient couvrir cette nullité.

La même règle s'applique à la nullité résultant, soit du défaut de publicité de la célébration, soit de l'incompétence de l'officier de l'état civil. Néanmoins, quoique la nullité dure toujours, la demande qui en serait formée par certaines personnes, pourrait être quelquefois écartée par une fin de non-recevoir. L'art. 196 porte, en effet : « *Lorsqu'il y a possession d'état et que l'acte de célébration du mariage devant l'officier de l'état civil est représenté, les époux sont respectivement non recevables à demander la nullité de cet acte.* » Cette fin de non-recevoir n'est opposable que par l'un des époux à l'autre, en vertu de cet article. Il pourrait se faire qu'elle fût opposée par un tiers ; mais ce ne serait plus en vertu de l'art. 196. Cette fin de non-recevoir consiste dans la possession d'état des époux. Il faut qu'ils aient eu *nomen, tractus* et *fama* d'époux légitimes. — Il faut, en second lieu, qu'un acte de célébration soit présenté.

La nullité résultant du défaut d'âge peut se couvrir envers et contre tous (art. 185). Cet article énonce deux cas : 1° Lorsqu'il s'est écoulé six mois depuis que cet époux ou les époux ont atteint l'âge compétent ; 2° lorsque la femme qui n'avait point l'âge a conçu avant l'échéance de six mois.

Les nullités résultant du défaut d'âge, de parenté ou d'alliance, ne peuvent être couvertes que par des dispenses accordées depuis la célébration.

## SECTION III.

### Des mariages putatifs. (Art. 201 et 202.)

Il est une autre espèce de mariages qui, dans la réalité, sont nuls, mais qui ont été contractés de bonne foi par les deux époux ou par l'un d'eux. Ces mariages s'appellent *putatifs*.

*Ses effets.* Lorsqu'un mariage est annulé, tous les effets qu'il a pu produire sont rétroactivement anéantis ; il est réputé n'avoir jamais existé. Mais lorsque le mariage a été contracté de bonne foi de la part de l'un des époux ou de tous deux, la loi diminue sa rigueur, et, dans ce cas, bien que le mariage puisse être annulé, il est censé avoir existé jusqu'à l'annulation ; les effets qui se sont déjà produits sont maintenus comme pour un mariage valable.

L'art. 201 dit : « *Le mariage qui a été déclaré nul, produit néanmoins les effets civils, tant à l'égard des époux qu'à l'égard des enfants, lorsqu'il a été contracté de bonne foi.* » Il résulte des dispositions de cet article, que lorsque les époux ont été de bonne foi, le mariage produit ses effets envers les époux et envers les tiers, comme s'il eut été valable.

*Envers les époux.* Les parents ont, sur leurs enfants, le droit de puissance paternelle ; ils succèdent à leurs enfants (746, 749) ; le survivant des époux succède à l'autre, conformément à l'art. 767. Cependant, ce droit cesse naturellement avec l'annulation du mariage putatif, car ce droit est, suivant l'article précité, attaché spécialement à la qualité d'époux. Or, cette qualité cesse, lors de l'annulation du mariage, comme elle cessait par le divorce.

De même les conventions matrimoniales, donations par contrat de mariage, ou libéralités pendant le mariage, sont maintenant parfaitement valables.

Enfin, la femme conserve l'hypothèque que lui accorde l'art. 2121 ; elle peut aussi, conformément à l'art. 225, faire annuler les actes faits par elle, sans autorisation de son mari ou de la justice.

*Envers les enfants.* Ces enfants naissent légitimes, ils ont, par conséquent, droit à tout l'intérêt et à toute la protection du législateur. Aussi jouissent-ils des mêmes avantages que les enfants légitimes : droit de succéder à leur père et mère et aux parents de ces derniers (745) ; droits d'aliments (203) ; droit à une réserve (913). Tous ces droits qui sont conférés aux enfants légitimes, leur sont aussi attribués.

Lorsque l'un des époux seulement a été de bonne foi, le mariage ne produit d'effets qu'à l'égard de cet époux et des enfants (art. 202). Ainsi, les enfants peuvent succéder à leur père de mauvaise foi, tandis qu'il ne peut leur succéder. Ils peuvent aussi succéder aux parents de l'époux de mauvaise foi, mais ici les parents ont le droit réciproque ; la peine ne frappe que l'époux de mauvaise foi. La puissance paternelle appartient seule à l'autre époux ; lui seul a le droit d'invoquer, dans ses rapports avec son conjoint, le mariage et tous ses effets civils.

*Dans quels cas y a-t-il mariage putatif?* Il y a, sur ce point, plusieurs systèmes : les uns ont indiqué trois conditions pour rendre le mariage putatif, ce sont :

1° *Que les époux soient de bonne foi;* peu importe qu'ils aient été victimes d'une erreur de fait ou de droit, pourvu qu'il y ait erreur, cela suffit;

2° *Qu'il y ait eu célébration de leur mariage devant l'officier de l'état civil;* peu importe que l'officier fût ou non compétent;

3° Enfin, *il faut que leur mariage soit simplement annulable;* car s'il est nul, leur bonne foi ne peut pas opérer son existence.

D'autres n'indiquent que deux conditions : 1° *bonne foi de la part des époux ou de l'un d'eux;* 2° *célébration plus ou moins parfaite devant l'officier de l'état civil.*

Enfin, un troisième système nous dit qu'une seule condition suffit pour rendre un mariage putatif : c'est *la bonne foi de la part des époux ou de l'un d'eux.* Peu importe qu'il y ait eu les conditions exigées par les autres systèmes; la bonne foi seule suffit. Leur convention, si informe qu'elle puisse être, est transformée par la loi en mariage qui, tant qu'il n'est pas annulé, est assimilé au mariage valable. La théorie du mariage putatif a, pour unique base, la justice. Or, la justice, l'équité, n'a qu'une chose à examiner, c'est de savoir s'il y a eu ou non bonne foi. Le texte de la loi n'admet pas, d'ailleurs, une autre interprétation; tout mariage qui a été déclaré nul, s'il a été *contracté de bonne foi,* est putatif; or, nous supposons un mariage putatif. C'est précisément pour relever les parties des conséquences qu'entraînerait la nullité qu'a été établi le mariage putatif.

Il faut remarquer que lorsque les parties reconnaissent plus tard leur erreur, elles sont excusables de ne pas se séparer immédiatement. Il suffit que la bonne foi ait existé au moment où le mariage a été contracté, pour qu'il subsiste, comme légitime, jusqu'à ce que la justice prononce son annulation.

## Preuve de l'existence du mariage.

La loi reconnaît, quant à la célébration du mariage, quatre modes de preuve : 1° l'acte de célébration inscrit sur les registres des actes de l'état civil; 2° les registres et papiers domestiques, et les témoins; 3° l'arrêt ou le jugement de condamnation rendu, par le juge du criminel, contre l'officier de l'état civil, ou toute personne coupable d'avoir altéré ou fait disparaître l'acte de célébration; 4° la possession d'état d'enfants légitimes, non contredite par leur acte de naissance, et jointe à la possession d'état d'époux de leur père et mère décédés.

§ 4. — Preuve du mariage par l'acte de célébration.

L'art. 194 porte : « *Nul ne peut réclamer le* TITRE D'ÉPOUX *et les effets civils du mariage, s'il ne représente un acte de célébration inscrit sur le registre de l'état civil, sauf les cas prévus par l'art. 46.* » L'interprétation littérale de cet article conduirait à dire que toute personne, autre que *celle qui réclame le titre d'époux,* peut, pour prouver le mariage, se servir d'autres moyens que de l'acte de célébration. Cet article a eu en vue de poser une règle générale; et cela ressort de l'art. 197, aux termes duquel les enfants des prétendus époux ne sont dispensés de la représentation de cet acte que *par exception.*

Ainsi, lorsque l'existence d'un mariage est contestée, c'est à celle des parties qui affirme à en faire la preuve. En principe, cette preuve ne peut être faite que *par la représentation de l'acte de célébration inscrit sur les registres de l'état civil.* Nulle autre preuve n'est admissible.

L'art. 195 porte que : « *La possession d'état ne pourra dispenser les prétendus époux qui l'invoqueront respectivement, de représenter l'acte de célébration du mariage devant l'officier de l'état civil.* » C'est que, sans cela, le concubinage usurperait trop souvent la place d'une union légitime.

Toutefois, la possession d'état peut venir corroborer un acte de célébration qui existerait irrégulier : « *Lorsque,* dit l'art. 196, *il y a possession d'état et que l'acte de célébration du mariage devant l'officier de l'état civil est représenté, les époux sont respectivement non recevables à demander la nullité de cet acte.* » Ces derniers mots nous montrent que la loi a bien voulu parler de la nullité qui pouvait résulter de l'acte de célébration, et non de celle qui pouvait résulter du défaut d'âge, de la bigamie, de l'inceste ou du défaut de consentement; en d'autres termes, la possession d'état a pour effet d'attribuer à un acte informe la force probante d'un acte régulier. Remarquons,

4

du reste, que la fin de non-recevoir résultant de la possession d'état, n'est opposable que par l'un des époux à l'autre ; c'est ce qui résulte de l'art. 196.

§ 2. — Preuve du mariage tant par titres et papiers domestiques que par témoins.

Ce genre de preuve n'est admis que : 1° lorsqu'il n'a pas existé de registres, ou lorsqu'il se trouve des lacunes dans leurs termes ; 2° lorsqu'ils ont été perdus ou détruits (art. 46). Dans les cas où les registres auraient été régulièrement tenus, les parties ne pourront prouver leur mariage ni par titre, ni par papiers domestiques, ni par témoins ; ces modes de preuve sont des exceptions destinées à suppléer la règle de l'art. 194.

§ 3. — Preuve du mariage par le jugement de condamnation, rendu au criminel, contre l'officier de l'état civil, ou tout autre individu reconnu coupable d'avoir détruit ou altéré l'acte de célébration.

Détruire ou altérer un acte de célébration de mariage constitue un crime ; l'inscrire sur une feuille volante, constitue un délit ; ce crime et ce délit sont évidemment punissables. Le jugement de condamnation des coupables tient lieu d'acte de l'état civil ; c'est ce que dit l'art. 198 : « *Lorsque la preuve d'une célébration légale du mariage se trouve acquise par le résultat d'une procédure criminelle, l'inscription du jugement sur les registres de l'état civil assure au mariage, à compter du jour de sa célébration, tous les effets civils, tant à l'égard des époux qu'à l'égard des enfants issus du mariage.* » Ces derniers mots ne doivent pas être pris à la lettre, et il est évident que l'inscription du jugement est un mode de preuve appartenant à toute personne en général. L'inscription du jugement de condamnation assure-t-elle au mariage tous ses effets civils, c'est-à-dire est-il à l'abri de toute attaque ? Non. Elle ne fait que prouver la célébration, mais elle laisse le mariage entaché de vices préexistants.

Il nous reste à examiner quelles personnes ont qualité pour exercer ces poursuites, contre qui elles peuvent être exercées, et devant quel tribunal elles peuvent être portées.

L'art. 199 s'exprime en ces termes : « *Si les époux ou l'un d'eux sont décédés sans avoir découvert la fraude, l'action criminelle peut être intentée par tous ceux qui ont intérêt de faire déclarer le mariage valable, et par le procureur impérial.* » La rédaction de cet article présente une foule d'inexactitudes qu'on ne peut passer sous silence.

*Si les époux ou l'un d'eux sont décédés.* Il semble que la loi veuille dire que, du vivant des époux, la preuve du mariage ne pourra être faite que par eux. Elle suppose que d'autres parties ne peuvent pas avoir un intérêt plus grand que celui des époux, de leur vivant, à exercer une poursuite qui leur est si nécessaire. La loi statue sur le *plerumque fit.* Mais si, par extraordinaire, il arrive que les époux restent dans l'inaction et que leurs enfants aient un intérêt né et actuel à prouver le mariage, rien ne les empêche évidemment d'agir dès à présent.

*Sans avoir découvert la fraude.* Autre inexactitude, si les époux ou l'un d'eux sont morts, ayant découvert la fraude, toute action s'éteint avec eux ; on ne peut pas prêter ce sens à la loi. Ces expressions signifient : sans avoir, après la découverte de la fraude, poursuivi le rétablissement de la preuve de leur mariage.

Un autre embarras se présente dans ces mots : *action criminelle...* Qu'a voulu désigner la loi ? Est-ce l'action criminelle ? mais elle ne peut appartenir à des particuliers. Est-ce l'action civile ? mais elle ne peut jamais appartenir au ministère public. Nous croyons que la loi a voulu dire ceci : « *Lorsque la preuve légale d'un mariage a été détruite par un crime ou par un délit, l'action tendant au rétablissement de cette preuve peut être intentée, soit dans un intérêt particulier, par les époux ou les autres parties intéressées, soit dans l'intérêt général de la société, par le procureur impérial.* »

Comment procède-t-on lorsque l'officier de l'état civil est décédé ? L'article 200 porte : « *Si l'officier public est décédé lors de la découverte de la fraude, l'action sera dirigée au civil contre ses héritiers, par le procureur impérial, en présence des parties intéressées et sur leur dénonciation.* » La mort met fin à toute poursuite criminelle ; mais les héritiers peuvent être poursuivis civilement à cause des crimes de leur auteur. Ainsi, les héritiers seront poursuivis pour payer des dommages, et cette poursuite sera exercée par le procureur impérial. Pourquoi cette dérogation aux règles ordinaires, et pourquoi attribuer au procureur impérial une action civile? C'est pour que les parties ne puissent faire aucune transaction en vue d'empêcher la découverte du crime.



Ce mode de preuve est indiqué par l'art. 197. En principe, les enfants, comme les époux, comme toute personne, lorsqu'ils veulent prouver le mariage de leurs parents, doivent présenter l'acte de célébration. Mais, par exception, ils sont recevables de se prévaloir, à défaut d'acte, de leur possession d'état d'enfants légitimes. Il faut, pour que cette preuve soit admise, que les quatre conditions suivantes soient réunies :

1° *Que leurs père et mère aient eu la possession d'état d'époux, c'est-à-dire aient vécu publiquement comme mari et femme;*

2° *Qu'ils soient eux-mêmes en possession d'état d'enfants légitimes;*

3° *Que leur possession d'état ne soit pas contredite par leur acte de naissance. Cette condition est toute négative.*

4° *Que leurs père et mère soient l'un et l'autre décédés.*

Lorsqu'ils sont vivants, les enfants peuvent se renseigner auprès d'eux pour connaître le lieu où leur mariage a été contracté, tandis qu'après leur mort ils peuvent l'ignorer et ne pouvoir pas le découvrir. Ajoutez à cette considération la faveur due à la légitimité.

## POSITIONS.

I. Si ceux dont le consentement était nécessaire à l'époque du mariage sont morts sans y avoir consenti et avant l'expiration du délai légal, l'action pourrait-elle être intentée par ceux dont le consentement serait nécessaire si le mariage avait lieu actuellement? — Oui.

II. Les enfants naturels simples peuvent-ils être légitimés par un mariage putatif, en supposant qu'ils aient été reconnus par les époux? — Oui.

III. Les époux existent, mais ils sont, l'un et l'autre, interdits ou absents, les enfants peuvent-ils prouver leur mariage par leur possession d'état d'enfants légitimes et par la possession d'état d'époux de leurs parents? — Oui.

# PROCÉDURE CIVILE.

---

## Des actions possessoires.

(Liv. I<sup>er</sup>. Tit. IV).

On appelle *action*, le droit de poursuivre en jugement ce qui nous est dû, ou ce qui nous appartient : « *Jus persequendi judicio quod sibi debetur.* » (Dig., lib. LI, *de Oblig.*)

On appelle *actions possessoires* celles que la loi accorde aux possesseurs d'un immeuble, d'un droit réel, ou même d'une universalité de meubles, suivant quelques auteurs, à l'effet d'être maintenus dans leur possession, lorsqu'ils y sont troublés. Elles ont donc pour but et pour cause la possession, et c'est ce qui les distingue essentiellement des actions pétitoires. Celles-ci, en effet, peuvent avoir pour but indirect la possession, mais elles doivent toujours avoir pour cause la propriété. Pour triompher dans une action possessoire, il suffit de prouver la simple détention de la chose, avec les caractères exigés par l'art. 23 du Code de Procédure ; tandis que pour triompher dans une action pétitoire, il faut prouver la propriété, soit par titre, soit par une possession équivalente.

### § 1.—Combien distingue-t-on d'actions possessoires ?

On distingue trois sortes d'actions possessoires : *la complainte, la réinté-grande* et *la dénomination de nouvel œuvre.*

*La complainte* répond, dans notre législation, à l'interdit *retinendæ possessionis*, donné à Rome, par le Préteur, au possesseur pour se faire maintenir dans une possession qu'il n'aurait pu réclamer par l'action réservée au propriétaire.

*La réintégrande* a pour but de faire réintégrer dans sa possession celui qui en a été dépouillé par voie de fait ou violence. Elle répond à l'interdit *recuperandæ possessionis* des Romains.

Admise par les Etablissements de saint Louis, elle a été définitivement adoptée par l'ordonnance de 1667, et il nous semble que notre législation a voulu l'admettre, bien qu'il n'en soit pas fait mention.

*La dénonciation de nouvel œuvre* tend à faire maintenir et réintégrer celui qui l'exerce, dans la quasi-possession qu'il a de ne pas souffrir le préjudice que lui causent les travaux faits par son voisin, sur son propre terrain. C'est une espèce d'action en complainte, par laquelle un voisin déclare à son voisin, qu'il s'oppose à telle construction nouvelle.

Elle n'est pas non plus explicitement reconnue par le Code de Procédure, mais il résulte des lois antérieures et des dispositions de notre Code, que cette troisième division n'est pas abrogée.

### § 2. — Quel genre de trouble peut donner lieu à l'action possessoire ?

Le *trouble* est, en général, l'empêchement causé à la possession.

On distingue deux genres de trouble : *trouble de fait* et *trouble de droit.*

Il y a *trouble de fait,* lorsque des entraves réelles sont apportées à la jouissance.

Il y a *trouble de droit,* lorsque, dans un acte ou exploit quelconque, la possession se trouve méconnue.

Nous entendons par ces mots, acte ou exploit, toute sommation, citation, saisie, dénonciation, enfin tout acte pouvant enlever le droit de possession. Du reste, la question de savoir si tel fait constitue un trouble donnant lieu à l'action possessoire, est abandonnée à l'appréciation des juges.

Pour que le trouble de fait puisse donner lieu aux actions possessoires, il faut qu'il présente les caractères qui distinguent chacune de ces actions. Il ne faut pas que ce soit un fait isolé, et dénotant l'intention de posséder, pour donner lieu à complainte. La réintégrande exige la violence ou voie de fait. La dénonciation de nouvel œuvre ne peut pas être exercée contre tout propriétaire faisant bâtir sur son domaine, il faut que cet ouvrage soit nuisible au demandeur.

### § 3. — Dans quel délai cette action doit-elle être formée?

Aux termes de l'art. 23 du Code de Procédure, l'action possessoire doit être formée dans l'année du trouble. Le délai annal court à dater du jour même du trouble, et non pas seulement à dater du jour où il est parvenu à la connaissance du possesseur. Ce délai passé, si l'auteur du trouble a continué de posséder depuis le trouble, il a acquis lui-même la saisine d'an et jour, et son adversaire ne peut plus se pourvoir qu'au pétitoire.

Si l'auteur du trouble n'a pas continué de posséder, aucune action n'est ouverte contre lui, lorsque le trouble n'avait causé au possesseur aucun dommage. Si ce trouble avait causé du dommage, le possesseur devrait, après l'année, saisir le juge de paix ou les tribunaux ordinaires, suivant que le dommage aurait été fait à des champs, fruits ou récoltes, ou à des propriétés urbaines, si pour celles-ci les dommages allégués excédaient deux cents francs.

La loi disant que l'action possessoire doit être formée dans l'année du trouble, on doit comprendre dans le délai, non le *dies a quo*, mais le *dies ad quem*.

Lorsqu'il s'agit de troubles qui ne s'accomplissent pas instantanément, mais dans un certain espace de temps, comme dans le cas, par exemple, de construction d'un mur, le délai court du jour où les travaux qui le constituent ont été terminés, car la loi veut qu'on agisse dans l'année du trouble ; or, lorsque le trouble a eu lieu dès l'origine des travaux, comme nous le supposons, il est évident que c'est de cette époque aussi que le possesseur a été mis en demeure de repousser la prétention que ce trouble manifeste.

§ 4. — Pour quelle espèce de biens les actions possessoires peuvent-elles être intentées ?

Dans l'ancienne jurisprudence, il était de principe qu'on ne pouvait pas intenter d'action possessoire pour des objets mobiliers considérés individuellement ; mais l'ordonnance de 1667 permettait d'intenter l'action pos-sessoire pour une *universalité de meubles*. Nos lois nouvelles n'ont pas reproduit cette disposition ; aussi admet-on généralement que l'action possessoire ne peut être exercée que pour des immeubles.

Les servitudes étant un droit réel, immobilier, il est indubitable que l'action possessoire peut être exercée sur celles qui dérivent de la situation des lieux, ou de l'autorité de la loi, ou bien du fait de l'homme. Il faut de plus que ces servitudes soient continues et apparentes, de manière à pouvoir s'acquérir par prescription, car alors la possession en est parfaitement caractérisée.

L'action possessoire pour servitudes discontinues cesse d'être interdite, lorsque la servitude est fondée sur un titre ; car l'existence d'un titre ne permet plus de supposer que l'exercice de la servitude n'était qu'un acte de simple faculté et de tolérance, il prouve, au contraire, que la servitude était véritablement exercée *à titre de maître*.

Dans ce cas, le juge du possessoire, quoique incompétent pour connaître de la validité du titre, peut cependant en faire usage à l'effet de déterminer le caractère de la possession.

Il y a encore d'autres sortes de servitudes, telles que celles de passage, en cas d'enclave, qui est une servitude légale, celle du fond dominant sur le fond servant, et bien d'autres dont il serait trop long de s'occuper ici.

§ 5. — Conditions requises pour l'exercice des actions possessoires.

La possession est la condition indispensable pour l'exercice des actions possessoires. Mais quels doivent être les caractères de cette possession ? L'art. 23 nous le dit : « *Les actions possessoires ne seront recevables qu'autant qu'elles auront été formées dans l'année du trouble, par ceux qui, depuis une année au moins, étaient en possession paisible par eux ou les leurs, à titre non précaire.* «

Cet article nous indique donc trois conditions : il faut que *la possession ait duré une année*, qu'elle soit *paisible* et *à titre non précaire*.

1° Il faut que *la possession ait duré une année*. Ainsi la possession ne doit pas être confondue avec la détention. On peut être possesseur d'une chose et ne pas en avoir la détention ; car l'art. 23 C. Pr., nous déclare qu'on peut posséder par des préposés. On dit avec raison que la possession ne se perd pas *corpore solo*, qu'elle se conserve *animo solo*. Il résulte de là, que le possesseur peut s'absenter quelque temps, sans que la possession ne cesse de courir à son profit.

2° La possession doit être *paisible;* toute possession, troublée par des contradictions de fait souvent réitérées, ou fondée sur des actes de violence, ne peut pas donner lieu à une action. Il faut qu'elle soit paisible. Il faut, si elle a commencé paisible, qu'elle soit retenue pendant un an et un jour sans violence, c'est-à-dire sans attaques réitérées d'un voisin qui la contestait. Si elle a commencé par des voies de fait, et qu'elle ait été paisible pendant plus d'une année, elle sera opposable. (C. Nap. 2253. — Boitard, 436.)

3° La possession doit être *à titre non précaire*, c'est-à-dire à titre de propriétaire. Il faut que l'on ne puisse pas douter que le possesseur jouit pour lui-même (C. Nap. 2229). Ainsi le dépositaire, le locataire ne peuvent jamais avoir une possession utile. La possession est présumée à titre de propriétaire, lorsqu'elle est basée sur un titre translatif de propriété, et, à défaut de titre, ce sont les actes d'administration du possesseur qui déterminent si les prescriptions de la loi sont accomplies.

Telles sont les conditions imposées par l'art. 23 C. Pr. à la possession, pour conduire à une action possessoire. Il faut y joindre celle qu'indique l'art. 2229 C. Nap.

4° Nous dirons donc qu'il faut que la possession soit *continue* et *non interrompue*. Nous avons dit précédemment que le possesseur pouvait s'absenter sans que sa possession fût interrompue, il en résulte évidemment que ces deux mots ne sont pas synonimes.

Par *continue* on doit entendre la possession qui n'a pas besoin du fait actuel de l'homme pour être exercée ;                                                5

*Non interrompue* signifie que la possession n'a eu à subir aucune opposition, aucune attaque, aucune voie de fait de la part d'un autre prétendant.

5° Il faut que la possession soit *non équivoque.* Il doit être certain pour tous que l'on possède *pour soi,* et avec l'intention de s'approprier la chose détenue. Des actes de simples faculté ou de simple tolérance, comme nous l'avons déjà dit, ne peuvent former une prescription (C. Nap. 2232), ni une possession.

6° Enfin, il faut qu'elle soit *publique,* c'est-à-dire non clandestine, au vu et au su de tous ceux qui l'ont voulu voir et savoir. Il faut que le possesseur antérieur puisse s'imputer de ne l'avoir pas connue. C'est pour cela que les servitudes non apparentes ne sont pas susceptibles de possession civile.

§ 6. — Que doit faire le juge devant lequel l'action possessoire est portée ?

Les actions possessoires doivent être portées devant le juge de paix de la situation de l'objet litigieux, ou devant tout autre juge de paix que les parties choisiront de concert.

L'art. 24 C. Pr. dit : « *Si la possession ou le trouble sont déniés, l'enquête qui sera ordonnée ne pourra porter sur le fond du droit.* »

D'après cet article, le juge, si sa compétence est déniée, peut ordonner une vérification des lieux, à l'effet d'apprécier avec exactitude l'objet de sa demande et de s'éclairer sur le mérite de l'exception d'incompétence, il faut, en un mot, ordonner une enquête.

L'art. 24 C. Pr. exige, pour que l'enquête soit ordonnée, que la possession ou le trouble soient déniés ; si le défendeur faisait défaut, le juge de paix devrait présumer qu'il reconnaît par là même la possession du demandeur et le trouble. Mais cette présomption n'a pour le juge rien d'obligatoire, et il pourrait, suivant les circonstances, ordonner l'enquête, surtout quand le défendeur est un incapable.

Toutefois, si le juge de paix se trouve suffisamment éclairé sur la possession, il n'est pas tenu d'ordonner une enquête. On a voulu induire le contraire de ces mots : « *sera ordonnée;* » mais il est évident que le législateur n'a pas voulu prescrire une procédure aussi rigoureuse.

L'art. 24 ajoute : *L'enquête ne peut porter que sur le fond du droit.* Elle n'a lieu que sur les faits de possession ; ainsi le juge saisi de l'action possessoire, doit se borner à ordonner que le demandeur prouvera le fait du trouble imputé au défendeur, ou bien sa possession annale, et il ne peut admettre aucune des parties à prouver qu'elle a la propriété qui donne lieu au litige.

La possession peut se prouver, non-seulement par témoins, mais aussi par titres, c'est-à-dire par des actes qui établissent, non pas la propriété, mais le fait de la possession de la chose litigieuse. Il est même de principe que lorsque les actes de possession faits dans l'année qui a précédé le trouble, par chacune des parties, semblent se balancer, le juge du possessoire doit donner la préférence à celle des parties qui produit un titre : « *In conflictu duarum possessionum, titulata possessio vincit.* » Le juge de paix a également le droit, dans tous les cas où les faits de possession sont douteux, d'apprécier les titres de propriété des parties, sous le rapport de la possession, pour savoir si cette possession est précaire et de tolérance. Mais dans aucun cas, le juge du possessoire ne peut, à propos de la question de possession, juger de la question de propriété; car, comme le dit l'art. 25 C. Pr. : « *le possessoire et le pétitoire ne seront jamais cumulés.* »

Le juge de paix peut-il, en statuant sur la dénonciation de nouvel œuvre, ordonner la suppression des travaux commencés? Oui, si la construction a été faite au mépris de la possession légale du voisin; mais si la dénonciation de nouvel œuvre n'avait lieu qu'à raison d'un préjudice imminent, qui n'aurait point encore porté atteinte à la possession du voisin, le juge pourrait, suivant le cas, se borner à condamner le défendeur à fournir caution.

Aux termes de l'art. 2060 C. Nap., la contrainte par corps a lieu, en cas de réintégrande, pour le délaissement, ordonné par justice, d'un fonds usurpé, pour la restitution des fruits perçus pendant l'indue possession, et pour le paiement des dommages-intérêts adjugés au propriétaire. — Le mot *propriétaire* ne doit pas être pris ici à la lettre; il est employé dans le sens de *possesseur*.

§ 7. — De l'influence du possessoire sur le pétitoire, ou *vice versá*.

L'art. 26 C. Pr., s'exprime en ces termes : « *Le demandeur au pétitoire n'est plus recevable à agir au possessoire.* » Cet article suppose le cas où l'action pétitoire est engagée avant la possession ; or, en exerçant l'action pétitoire, le demandeur est censé avoir reconnu qu'il n'était pas possesseur.

Mais le demandeur au pétitoire peut toujours se pourvoir au possessoire, à raison du trouble apporté à sa possession, postérieurement à la demande. On ne peut lui reprocher de n'avoir pas agi au possessoire pour faire réparer un trouble qui n'existait pas ; il pouvait, d'ailleurs, avoir intérêt à faire reconnaître sa propriété encore que sa possession ne fût pas troublée.

Le défendeur au pétitoire peut toujours se pourvoir au possessoire.

Dans le cas où l'action possessoire a été engagée la première, le défendeur ne peut se pourvoir au pétitoire qu'après que l'instance sur le possessoire a été terminée, car l'art. 27 C. Pr. porte : « *Le défendeur au possessoire ne pourra se pourvoir au pétitoire qu'après que l'instance sur le possessoire aura été terminée ; il ne pourra, s'il a succombé, se pourvoir qu'après qu'il aura pleinement satisfait aux condamnations prononcées contre lui.* »

Par ces mots : *condamnations prononcées contre lui*, on comprend les restitutions de fruits, les domm. ges-intérêts et les dépens. Lorsque la partie qui les a obtenues est en retard de les faire liquider, le juge du pétitoire peut fixer, pour cette liquidation, un délai après lequel l'action au pétitoire sera reçue. car il ne peut dépendre de la partie qui a gagné au possessoire, de paralyser les droits de propriété de son adversaire, en abandonnant tout exprès le produit des condamnations prononcées à son profit.

La loi s'est montrée moins sévère pour le demandeur au possessoire qui a succombé, elle ne l'oblige pas à payer les dépens pour se pourvoir au pétitoire ; elle suppose, avec raison , qu'il n'a commis aucune voie de fait. Dans le cas contraire, s'il avait forcé, par ses voies de fait, l'autre partie à se porter demanderesse, la loi ne le protégerait plus, et il serait assimilé au défendeur originaire, c'est-à-dire assujetti au paiement préalable des condamnations.

Ajoutons, en finissant, que celui qui obtient une restitution de fruits au possessoire, peut être condamné plus tard, au pétitoire, à rendre ces mêmes fruits à son adversaire, s'il est jugé qu'il possédait de mauvaise foi.

## POSITIONS.

I. La récréance peut-elle encore être prononcée comme autrefois? — Oui.

II. Est-il essentiel d'avoir une possession d'une année pour intenter l'action en réintégrande? — Oui.

III. Pour qu'il y ait trouble de fait, faut-il qu'il y ait, outre l'entrave matérielle, intention de posséder? — Oui.

# DROIT CRIMINEL.

## Circonstances atténuantes.

### (Art. 463-483, alinéa 2.)

Les circonstances atténuantes ont, avec les excuses, un caractère commun ; elles ont pour résultat de changer la nature de la peine, ou au moins sa quotité ; comme pour les excuses, c'est au juge du fait qu'il appartient de reconnaître leur existence. Mais les circonstances atténuantes diffèrent des excuses, en ce que les faits qui constituent des excuses légales sont définis et déterminés par la loi (C. Pr., 65 ; C. d'Inst., 339.) Les excuses amènent, en général, la substitution d'une peine correctionnelle à une peine afflictive ou infamante ; les circonstances atténuantes ne produisent, en matière criminelle, qu'une atténuation moins considérable. Les circonstances atténuantes sont partout où le juge du fait croit les apercevoir, dans

les circonstances qui ont précédé l'infraction , dans celles qui l'ont accom-
pagnée, qui l'ont suivie, dans la qualité, dans la position, dans les anté-
cédents de l'agent, dans son repentir, en un mot, dans tout ce qui peut
jeter sur lui de l'intérêt, et même, d'après la déclaration expresse de ceux
qui ont fait la loi, dans l'opinion du juge que la pénalité est trop forte.

### § 1. — Origine des circonstances atténuantes.

Dans notre ancienne législation, les juges avaient, pour la distribution
des peines, une très grande latitude; les abus furent très nombreux, aussi
l'Assemblée constituante, par une réaction contre les anciens principes ,
établit dans le Code du 25 septembre 1791, un système de peines fixes qui
remplaça l'arbitraire du juge par l'arbitraire beaucoup plus dur de la loi.
Ce principe n'était pas sans inconvénient , aussi voit-on dans le Code Pénal
de 1810 un retour vers les anciens principes ; un certain pouvoir discrétionnaire est donné au juge pour fixer les limites d'un minimum et d'un
maximum pour toutes les peines divisibles. Ils peuvent, en outre, en matière de simple délit, abaisser la peine au-dessous du minimum , lorsque le
préjudice causé n'excède pas vingt-cjnq francs, et lorsque les circonstances
leur paraissent atténuantes. (C. Pr., 463). Cette latitude laissée aux juges ,
eu égard aux peines divisibles, était souvent insuffisante pour établir une
juste proportion entre le châtiment et le fait punissable. Cette insuffisance
se manifestait surtout dans les cas pour lesquels le Code prononçait des peines indivisibles, telles que la mort, etc. Aussi la loi du 25 juin 1824,
conféra-t-elle aux Cours d'assises le droit de constater, pour certains crimes et pour certains accusés seulement, l'existence des circonstances atténuantes. La loi du 28 avril 1832 acheva cette réforme. D'après elle , les
jurés avaient le droit de déclarer les circonstances atténuantes dans toute
affaire criminelle. Elle admit de même ces circonstances dans toute affaire
correctionnelle et de simple police. (C. d'Inst., 341; C. Pr., 463.)

Le but du législateur a donc été d'obtenir la proportion la plus exacte
possible entre la peine et l'infraction qu'elle doit punir. Leur nature est
donc indéterminée par essence, et M. Dumon a déclaré qu'elles étaient
*indéfinissables* et *illlimitées*. (Rapport de M. Dumon, Duvergier, 1832 ,
page 123.)

En règle générale, les circonstances atténuantes s'appliquent, dans notre législation, à toutes les infractions; toutefois, il faut distinguer entre celles qui sont punies par le Code Pénal, et celles qui sont prévues et punies par des lois spéciales. Les circonstances atténuantes peuvent être déclarées pour toutes les infractions prévues et punies par le Code Pénal. (Art. 463 et 483 C. P.)

« *Quelques Cours royales, a dit M. Dumon, auraient voulu excepter les crimes atroces, comme le parricide, l'assassinat, l'empoisonnement. Votre commission a unanimement rejeté ces exceptions, que la grande majorité des Cours royales avait déjà rejetées. Elle a pensé qu'il n'y avait pas de crimes, dont, dans des circonstances rares, sans doute, l'atrocité ne pût être atténuée par l'entraînement de la passion, la légitimité de la vengeance, la violence de la provocation morale ou d'incompréhensibles égarements de la raison.* »

Lorsqu'il s'agit d'infractions prévues par des lois spéciales, il faut distinguer entre celles qui admettent expressément l'application de l'art. 463 et celles qui ne contiennent pas de dispositions formelles. Dans le premier cas, il ne peut pas se présenter de difficultés; dans le second, il faut examiner si les pénalités prévues par ces lois se prêtent à l'échelle de réduction qu'exige l'application des circonstances atténuantes.



Nous avons dit que les circonstances ont leur origine dans le fait; il en résulte évidemment qu'elles doivent être appréciées par le juge du fait. Voyons l'explication de cette règle en matière criminelle, en matière correctionnelle et de simple police.

A. — *Matière criminelle.* En matière criminelle, le juge du fait et celui du droit sont ordinairement distincts; c'est au jury qu'il appartient de décider sur le fait et à la Cour d'appliquer la loi. Il résulte de l'art. 344 du Code d'Instr. Crim., que l'existence des circonstances atténuantes est soumise à la délibération du jury. « EN TOUTE MATIÈRE CRIMINELLE, *même en cas de récidive, le président, après avoir posé les questions résultant de l'acte d'accusation et des débats, avertira le jury, à peine de nullité, que s'il pense, à la* MAJORITÉ, *qu'il existe en faveur d'un ou de plusieurs des accusés reconnus coupables des circonstances atténuantes, il devra en faire la déclaration en ces termes :* A LA MA-JORITÉ, IL Y A DES CIRCONSTANCES ATTÉNUANTES EN FAVEUR DE TEL ACCUSÉ. »

Si la peine à prononcer était nécessairement correctionnelle, par exemple, si le crime avait été commis par un mineur de seize ans, le jury ne cesserait pas d'être compétent, car la circonstance de minorité ne saurait faire perdre à l'acte sa nature de crime. Mais il en serait autrement si le jury dépouillait du fait incriminé certaines circonstances qui en faisaient un crime, et qui, écartées, ne donnent lieu qu'à un délit ; telle est la circonstance de domesticité. Dans ce cas, le verdict du jury équivaut à une déclaration d'incompétence, et la Cour d'assises ne peut statuer que comme tribunal correctionnel, sans tenir compte de la déclaration du jury dans les circonstances atténuantes.

Cette séparation du juge du fait et du juge du droit n'a pas toujours lieu en matière criminelle. Il résulte de l'art. 476 Inst. Crim., que, dans le cas de contumace de l'accusé, la Cour d'assises est à la fois juge du droit et juge du fait. L'intervention du jury n'est pas requise ; il faut en conclure que si la Cour d'assises doit seule appliquer la peine, elle doit évidemment examiner seule la question de savoir s'il y a lieu ou non d'admettre des circonstances atténuantes.

Il en est de même pour les crimes des militaires et des marins jugés par les conseils de guerre et les tribunaux maritimes. Ces tribunaux, en effet, remplacent les tribunaux ordinaires, et ils ont à appliquer une législation qui se prête parfaitement à une réduction proportionnelle. Les conseils de guerre et les tribunaux maritimes sont donc appelés, à l'exclusion du jury et des Cours d'assises, à statuer en matière criminelle quand il s'agit de *crimes de droit commun* commis par les militaires, et conséquemment ils prononcent sur l'admissibilité des circonstances atténuantes.

B. — *Matière correctionnelle.* En matière correctionnelle le juge du droit est aussi celui du fait. L'art. 463 C. P., consacre sur ce point les règles en ces termes : « *Dans tous les cas où la peine de l'emprisonnement et celle de l'amende sont prononcées par le Code Pénal, si les circonstances paraissent atté-*

nuantes, *les tribunaux correctionnels sont autorisés, même en cas de récidive, à réduire l'emprisonnement même au-dessous de six jours et l'amende même au-dessous de seize francs ; ils pourront aussi prononcer séparément l'une ou l'autre de ces peines, et même substituer l'amende à l'emprisonnement, sans qu'en aucun cas elle puisse être au-dessous des peines de simple police.* » Ainsi, ces juges sont investis de la faculté d'abaisser la peine au-dessous du minimum jusqu'à l'extrême limite du taux des peines de simple police.

Mais l'art. 463 n'investit les juges de ce large pouvoir que pour les délits réprimés par le Code Pénal. Cependant le jury était appelé quelquefois à juger certaines matières correctionnelles ; cette dérogation n'avait lieu que pour les délits politiques et presque exclusivement pour les délits de presse. L'art. 23 de la loi du 27 juillet 1849 avait donné au juge le droit de prononcer sur les circonstances atténuantes en matière de délit de presse. Mais le décret organique du 17 février 1852, attribue la connaissance de tous les délits de la presse aux tribunaux correctionnels. Ainsi, dans la législation actuelle, la déclaration des circonstances atténuantes appartient aux seuls juges du droit.

C. — *Matière de simple police.* Les tribunaux de police des juges de paix et des maires sont aussi investis du droit d'abaisser les peines et de les réduire jusqu'à une amende de un franc, lorsqu'ils reconnaissent qu'il existe des circonstances atténuantes (C. P., 483).

§ 4. — Effets de l'admission des circonstances atténuantes.

L'effet général de l'admission des circonstances atténuantes est de produire nécessairement un abaissement dans la pénalité ; il est plus ou moins considérable, suivant que la Cour veut ou non prendre part à l'acte d'indulgence du jury. Pour bien comprendre l'influence de cette admission sur chaque peine en particulier, il faut connaître notre système général des peines. Il résulte des textes et de l'esprit du Code Pénal qu'il y a deux échelles de pénalité qui restent distinctes, dont l'une est applicable aux crimes ordinaires, et l'autre exclusivement réservée aux crimes politiques. Les peines afflictives et infamantes, applicables en matière ordinaire, sont : *la mort, les travaux forcés à perpétuité, les travaux forcés à temps, la réclusion.*

Les peines afflictives et infamantes, applicables en matière politique, sont : *la mort, la déportation, la détention.*

La loi du 28 avril 1832 permet aux juges d'abaisser la peine d'un ou deux degrés, suivant que les circonstances lui paraissent plus ou moins atténuantes. Ces degrés se trouvent établis dans l'art. 463 : « La peine de mort est remplacée, en matière de crimes ordinaires, par celle des travaux forcés à perpétuité, ou celle des travaux forcés à temps; celle des travaux forcés à perpétuité, par celle des travaux forcés à temps; et celle des travaux forcés à temps, par la réclusion.

En matière politique, la peine de mort est remplacée par la déportation dans une enceinte fortifiée (loi des 8 et 16 juin 1850); la déportation par la détention; et la détention, par le bannissement.

Telles sont les modifications apportées jusqu'à aujourd'hui à nos lois pénales en matière de circonstances atténuantes.

## POSITIONS.

I. Les Cours d'assises, lorsqu'elles jugent par contumace, sans jurés, peuvent-elles admettre les circonstances atténuantes? — Oui.

II. Quand les juges usent de la faculté de substituer l'amende à l'emprisonnement, sont-ils forcés d'appliquer une amende de simple police? — Non.

III. Quand dans une loi spéciale, de véritables contraventions sont punies comme des délits, et si, dans la même loi, il est déclaré que les circonstances atténuantes s'appliquent au délit, comme dans la loi du 27 juillet 1849, les contraventions participent-elles à la même faveur? — Oui.

*Vu par le président de la Thèse,*
**DUFOUR.**

Cette Thèse sera soutenue, en séance publique, le      juillet 1860, dans une des salles de la Faculté.

Toulouse.— Imprimerie BAYLET, PRADEL et Cⁱᵉ, place de la Trinité, 12.

www.ingramcontent.com/pod-product-compliance
Ingram Content Group UK Ltd.
Pitfield, Milton Keynes, MK11 3LW, UK
UKHW022216070726
13613UKWH00004B/1697